シリーズ シニアが笑顔で楽しむ ⑬

シニアのための
大笑い！マジック36

なんちゃってマジック＆そこそこ本格マジック

グループこんぺいと 編著
大山 敏 原案
はいじまともたけ 画

黎明書房

大笑い！マジックのための心得10か条

一、この本のマジックは準備・練習がほとんど
　　いらないものばかり！
　　気軽に第一歩を踏み出そう！

一、説明はハッキリしゃべろう！

一、練習が緊張を和らげる！

一、お披露目が不安なうちはやめておこう！

一、10回中8回成功したらOK！

一、失敗しても恥ずかしがるな！
　　失敗こそが上達への近道だ！

一、マジックに没頭しすぎて
　　仕事が疎かにならないようにしよう！

一、「スゴいでしょ！」感が出すぎないように
　　気をつけよう！

一、この本でマジックに開眼し、マジシャンになろう
　　などと思っても一切の責任は負えません。

　　あれ？　1か条消しました？
　　これであなたはもうマジシャンです！

　　　　　　　　　　　　　構成作家・大山　敏

もくじ

大笑い！マジックのための心得10か条 ……………… 1

1章 大笑い！ なんちゃって マジック

1 ウーロン茶が麦茶に!? ……………………… 6
2 「正」のひと筆書き ………………………… 8
3 数字当て …………………………………… 10
4 なんでもお箸に …………………………… 12
5 念力で開く傘 ……………………………… 14
6 突如現れるコイン ………………………… 16
7 一瞬!? でなくなる水 ……………………… 18
8 人がハガキを貫通 ………………………… 20
9 だまし絵 …………………………………… 22
10 手を使わずに水を飲む …………………… 24
11 紙から鶴が！ ……………………………… 26
12 消えるカード ……………………………… 28
13 ティッシュが脳を貫通 …………………… 30
14 わさびが辛くなくなる!? ………………… 32
15 バランスがとれる割り箸 ………………… 34
16 ハンドパワーで割り箸が動く …………… 36
17 上がってくるトランプ …………………… 38
18 カードを予言 ……………………………… 40
19 お札の上にコイン ………………………… 42
20 牛乳がジュースに!? ……………………… 44

ひと休み その① 介護職適正チャート ……………… 46
　　　　 その② 介護あるある ………………………… 50
　　　　 その③ 失敗したときの対処法 …………… 54

2章 大笑い！そこそこ本格マジック

1. コインの瞬間移動 …………………56
2. 消えるコップ …………………58
3. 5円玉の穴を貫通 …………………60
4. こぼれない水 …………………62
5. お札を透視 …………………64
6. 5円玉が上がる！ …………………66
7. 色が消える …………………68
8. 吸いつく割り箸 …………………70
9. コインを透視 …………………72
10. 選んだエースを当てる …………………74
11. コインがグラスを貫通 …………………76
12. 空き箱からハンカチ …………………78
13. 選んだカードが飛び出す …………………80
14. 水が出る割り箸 …………………82
15. 不思議なトランプ …………………84
16. コインが消える!? …………………86

付　録　●だまし絵　型紙 …………………88
　　　　〈ビールがおじいさんに！〉
　　　　〈牛が鳥に！〉
　　　　〈かっぱがおじさんに！〉
　　　　〈子どもがふぐに！〉
　　　●カードを予言　型紙 …………………92

1章
大笑い！
なんちゃってマジック

「マジック」というのもおこがましいけれど
マジックに見えなくもない一発芸を集めました。
芸をする本人が、「これはマジックだ！」と
自信を持って取り組むのが、笑いを誘うコツです。

 # ウーロン茶が麦茶に!?

麦茶が入っているのに「ウーロン茶だ」と言っておくことで、まるでウーロン茶を麦茶に変えたかのように見せます。

 コップ　麦茶　ハンカチ

 コップに麦茶を入れておく。

手順　❶ コップを掲げて見せ
「これは、ウーロン茶です。飲んでみましょう」
と言って、自分で飲む。
「確かにウーロン茶です」

1章　大笑い！ なんちゃってマジック

❷ ハンカチを取り出し

「では、このコップを麦茶に変えてみせます」

と言って、コップにハンカチをかぶせ、適当におまじないをかける。

ハンカチをかぶせて 3・2・1…

❸ ハンカチをはずして

「はい、麦茶になりました！ 誰か飲んでみますか？」

と聞いて、誰かに飲んでもらう。

POINT

・「これはウーロン茶です」と言ったところで、他の人に飲ませないことが大切です。

「正」のひと筆書き

ひと筆では書けないはずの文字をひと筆で書いてみせます。「正」だけでなく、「王」や「上」など、いろいろな漢字でできます。

準備する物 ホワイトボード（または大きめの紙）　マジック

準備 なし

手順 ❶ ホワイトボードに「正」の字を大きく書き
「みなさん。この『正しい』という字をひと筆で書けますか？」

1章　大笑い！ なんちゃってマジック

❷ 観客のリアクションに反応しつつ
「僕はなんと、ひと筆で書けるんです。やってみせますね」

❸「ほら、できたでしょ？」
ホワイトボードに「正」の字を縁取りで書く。

POINT
・クイズに近いので、観客に前に出てきてもらってやってみてもらう「参加型」にするとより楽しめます。
・二度は使えないマジック!?　ですが、他の漢字でシレッと行い、笑いをとる方法もあります。

 # 数字当て

観客の選んだ数を、顔を見るだけで当てる（ように見せる）マジック。同僚の協力が必要です。

 助手役の同僚

準備　指の差し方を確認する。

手順　❶「どなたかに、1～5の中で、好きな数を選んでもらい、顔を見るだけで、その数を当てる、というマジックをします」
「私は後ろを向いていますから、○○さん（同僚）よろしくお願いします」
と言って後ろを向く。

❷（同僚）
「では、○○さん（観客を指名する）、1～5までの中で、好きな数を一つ、声を出さずに、指で示してください」
※数カードを用意しておき、選んでもらってもOK。

1章　大笑い！なんちゃってマジック

❸ 数が決まったら正面を向き
「さて○○さん、どなたに数を選んでもらいましたか？」
と聞いて、取り決めとおりに同僚が指をさす。

❹ 指をさされた観客の顔をじっと見て
何かを読み取るそぶりをしてから
「わかりました！
○○ですね」

<hr />

POINT

・何回か繰り返す中で、観客がタネに気づけるよう、指さしを少しずつオーバーにしていきましょう。

 # なんでもお箸に

ナイフとフォークをお箸のように使い、「ほら、お箸になったでしょ」
と言い放つ、かなり強引なマジックです。

 ナイフ　フォーク　ご飯などの食べ物1品

 なし

▶手順　❶「こちらに、ナイフとフォークがあります！
　　　　　これが一瞬でお箸に変わります！」

1章　大笑い！　なんちゃってマジック

❷ ナイフとフォークを強引にお箸のようにして食べる。
「ね！　変わったでしょ！？」

POINT

・「無理やりですが、それが何か？」くらいの心持ちで堂々とやると盛り上がります。
・「何でもお箸にできますよ」と言って、観客の要望を聞いてみましょう。

念力で開く傘

ワンタッチで開く傘を使って、まるで念力で開いたかのように見せます。バレバレなタネですが、真剣にやるのが笑いを生みます。

 ジャンプ傘（ワンタッチで開く傘）

 なし

手順 ❶ 傘を持って観客に示しながら

「この傘は、なんと、念力で開くんです」
「僕が合図をしたら、心の中で『ひらけ！』『ひらけ！』って念力を送ってください。はい、お願いします」

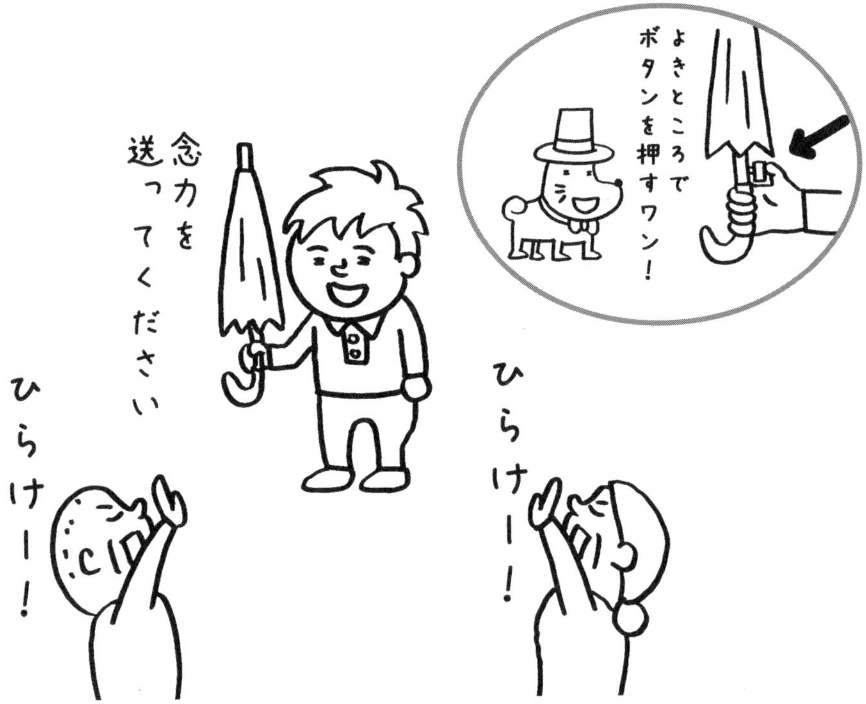

よきところでボタンを押すワン！

念力を送ってください

ひらけー！

ひらけー！

1章　大笑い！なんちゃってマジック

❷ 適当なタイミングで傘の
ボタンを押して
「おー、開きました！
みなさんのパワーを
すごく感じました！」

❸ 観客に登場してもらい、傘を渡し
「では、今度は僕が念力を送ります。僕の念力を、○○さんが感じたら開くはずです。いきます！」
「ひらけー！　ひらけー！」

❹ 観客が勘のいい人なら
ボタンを押してくれま
す。だめなら
「もー。空気読んで
ボタン押してくれ
ないと（笑い）」

POINT
・傘が開いても開かなくても、楽しめます。
・同じ手法で、テレビとリモコンを使って、念力でテレビの電源をつけたかのように見せる手もあります。

6 突如現れるコイン

手のひらにコインを落とし、「コインが現れた！」と驚かせます。単純ですが、観客は大笑いのほのぼのマジックです。

 コイン

 なし

手順 ❶「誰かマジックに協力してくれる方はいませんか」
と、協力者を募る。

❷ 協力者と向き合って座り
「手のひらを上に向けて、手を前に出して、目を閉じてください」
と伝え、その間に、コインを自分の頭の上にのせる。

❸ お客さんの手のひらの上に自分の手を重ね
「これで、私の手は自由に使えません」

❹「さあ、今から、手の上に、コインを出してみせます」
と言いながらコインを自分の手のひらの上に落とし
「ハイ！ 突如コインが現れました！ 目を開けてください」

> POINT
> ・頭の上にコインをのせる、コインを手のひらに落とす動作は、観客にまるわかりでOK。
> ・観客のクスクス笑いがあれば、一層盛り上がります。

一瞬!? でなくなる水

コップの水を飲んでしまうことで、「コップの水がなくなった！」と言い張る、かなり強引なマジックです。

 コップ　水　顔が隠せる大きさの厚紙

 コップに水を入れておく。

手順 ❶ 水を入れたコップを示しながら
「いまからこの水を一瞬でなくしてみせます！」

❷「3、2、1」
と声をかけ、さっと厚紙で顔を隠して一気に水を飲む。

❸ 厚紙を外し、空になったコップを見せて

「はいっ！　みごとコップの水がなくなりました！」

> POINT

・最後に「もう1回までならできます……」と、おなかをさすりながら苦しそうに言うと笑えます。

人がハガキを貫通

ハガキの中を通ると言いながら、ハガキに切り込みを入れて大きな輪にします。切り込みの入れ方を間違えると悲惨な結果に！

準備する物 使用済みハガキ　ハサミ

準備 なし

手順 ❶ ハガキを見せながら

「今から、このハガキの中を通ってみせます」
「みなさん、無理だと思ってますねー？」

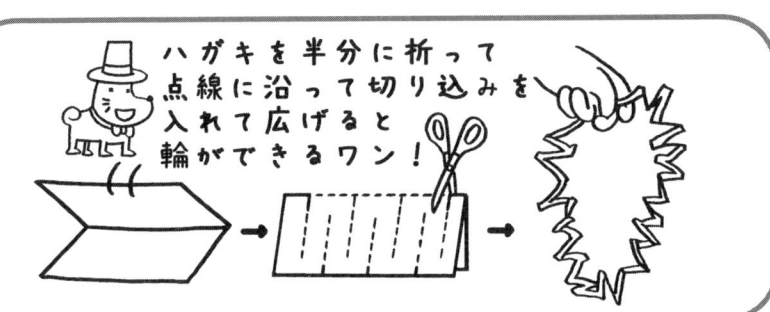

1章　大笑い！ なんちゃってマジック

❷「魔法をかけるのに時間がかかるので、少しお待ちください」
と言って、ハガキにハサミで切り込みを入れる。

アブラカダブラ

❸ ハガキを広げて、大きな輪をゆうゆうとくぐってみせながら
「ほうら、ごらんのとおり！」

POINT
・ハサミで切り込みを入れているとき、いい加減な呪文を楽しくつぶやきながら得意げに切ると盛り上がります。

 # だまし絵

上下を逆さにすると別人になるイラストを見せて、顔が変わるさまを楽しみます。

 逆さ絵（下記「準備」参照）

 巻末の型紙のイラストを拡大コピーし、画用紙などに貼る。

 ❶ 逆さ絵を観客に示して
「このビールを全く別の物に変えます」

こちらのビールが一瞬にしておじいさんになります

❷ 逆さ絵の上下をひっくり返し
「はいっ！ わかります？」

1章 大笑い！なんちゃってマジック

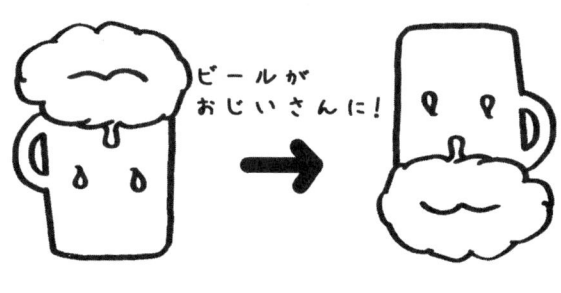

ピンとこない人もいるので「これが目で、口で、笑ってますよね。ひっくり返すと、ほら、ビールです。これが泡で、これが水滴です」と解説を。

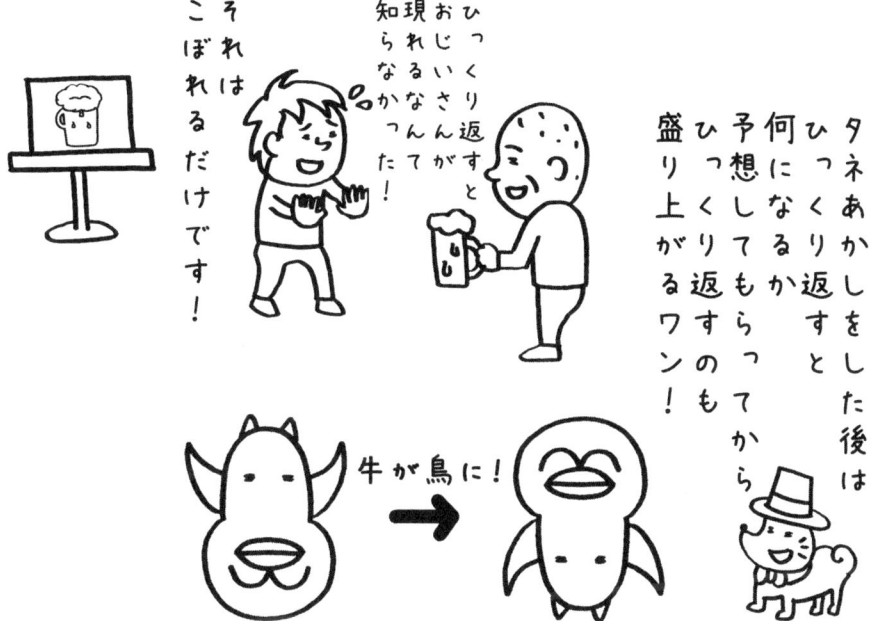

同様に

「牛が鳥になります！」など。

POINT

・じっくり見る時間を作って、逆さ絵をゆっくり楽しめるようにしましょう。

 # 手を使わずに水を飲む

たしかに「手」は使わないけれど、少々、お行儀の悪い（？）かなり強引なマジックです。

準備する物 プラスチックまたは紙のコップ２個　水　突っ込み役の同僚

準備 コップに水を入れ、ふたをするようにもう１つのコップを重ねておく。

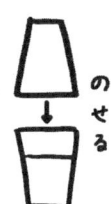

手順 ❶ 重ねたコップを示しながら

「今から手を使わずに、コップの水を飲んでみせようと思います」

❷ 上のコップをアゴに挟んで横に置き、下のコップを口でくわえて強引に水を飲む。

「ほら、できました」

1章　大笑い！ なんちゃってマジック

❸「マジックなんですかー、これ」
などと同僚に突っ込んでもらう。

> POINT

・多少コップの水がこぼれても気にしないこと。ただし誰かの突っ込みがなければ笑いがとれないので、お忘れなく。

 # 紙から鶴が！

折り紙で鶴を折るだけで、「鶴が飛び出した」と言い張ります。マジックと言うには少し無理がありますが、折り紙タイムの導入におすすめです。

 折り紙1枚

 なし

手順 ❶ 折り紙を示しながら

「この紙から鶴を出してみせます！」

❷ 折り紙で鶴を折りながら

「え〜と、ちょっと待ってくださいね〜」
「何をしているかわかっても、どーぞ見守ってください」
などと話して、失笑を甘んじて受ける。

1章　大笑い！ なんちゃってマジック

❸ でき上がった鶴をポーンと投げて
「ほら！　飛び出しました〜」

> POINT
>
> ・鶴を折っている間、観客の反応に応じながら、場をしらけさせないのがポイント！　同僚に「時間かかりすぎー」などのヤジ（？）を頼んでおきましょう。

12 消えるカード

最初に見せたのとはまったく別のカードを見せることで、まるでカードが消えたかのように見えるマジックです。

 1セットのトランプから絵札9枚（赤黒を適当に混ぜて）
メモ用紙　筆記具

 なし

❶ 1人1枚ずつメモ用紙と筆記具を配る。
トランプの絵札5枚（赤黒を混ぜて）を広げて見せ
「この中から1枚だけ、お1人ずつ心の中で消えてほしいカードを決めてください」

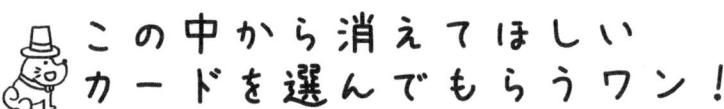

❷「決めたカードを忘れないよう、メモしておいてくださいね」
と言いながら5枚のカードをまとめ、観客がメモしているすきにさりげなく4枚のカードと持ち替える。

❸「さぁ、カードが1枚消えて、ここに4枚が残りました！」
と言いながら、4枚のカードを広げる。

1章　大笑い！ なんちゃってマジック

❹「どうですかー？　みなさんがメモしたカードはありますか？」

消えてほしい1枚を抜いた4枚と言いつつ、実は全部のカードを入れかえているワン！

> POINT
> ・一瞬、本当に自分の決めたカードが消えた、と錯覚する人が多いです。最後までわからない人には、ゆっくりマジックを再現して、解説！？　しましょう。
> ・観客が多いとより盛り上がります。レクリエーションとしてもおすすめです。

 # ティッシュが脳を貫通

あらかじめ左耳に仕込んでおいたティッシュを取り出すことで、「脳を貫通した」ように見せます。

 ティッシュ2枚

 左耳にティッシュ1枚を詰めておく。

手順 ❶「このティッシュが今から脳を貫通します！」
と言って、右耳にティッシュ1枚をゆっくり詰め込んでいく。

❷ 左耳からティッシュを取り出し
「お、おー。出てきました、出てきました」
とオーバーに言って左耳に注目させる。

1章　大笑い！なんちゃってマジック

❸「ティッシュが脳を貫通しました。拍手～」
　観客が取り出したティッシュに気をとられている間に、右耳の
　ティッシュはポケットに隠す。

> POINT

・あらかじめ詰めてあるティッシュが観客に見えないように注意しましょう。
・左耳からティッシュを取り出すとき、いかにも「脳を貫通」したかのように、もったいぶって取り出すのがおもしろく見せるコツ。

右耳にティッシュを残しておけば、もう一回左耳から入れて、右耳から出せるワン！

14 わさびが辛くなくなる!?

わさびをたっぷり乗せたお寿司を食べ、どんなに辛くても「辛くない」と言い張る、少々辛いマジックです。

 わさび※　握り寿司　お茶
※チューブタイプのもので、辛さの弱いものを選ぶ。

準備 なし

手順 ❶ わさびと寿司を見せて
「実は私、超能力でわさびの辛さをなくすことができるんです」
「まずは、このわさびが本物かどうか、○○さんに確かめてもらいましょう」
観客か同僚に、試食をしてもらう。

1章　大笑い！ なんちゃってマジック

❷「さあ、証明されたところで……」
と言って、お寿司にわさびをたっぷりめに乗せる。
お寿司をじーっと見つめ、念力をかける。
「はい。これで、もう辛くなくなりました」

❸「では、いただきます！」
どんなに辛くても我慢して、辛いとは言わずに食べる。
お茶で流し込んでもOK。

POINT

・ちょっと食べて「無理！」だと思ったら、「あれ、今日はどうも念力のパワーが出ません！」などと言い訳をして笑いを取り、食べるのをやめましょう。

15 バランスがとれる割り箸

あらかじめしかけをほどこした割り箸を使って、割り箸がまるで宙に浮いているように見せます。観客に参加してもらって楽しいマジックです。

準備する物 割り箸（人数分）　カッターナイフ

準備 マジックをする人の割り箸だけに、絵のような切り込みを入れておく。

割り箸にカッターでささくれを作る

手順 ❶ 観客に、しかけのない割り箸を配り
「みなさん、私と同じように割り箸を持ってください」
と言って、手本を示す。

割り箸がクロスするように両手の親指と人差し指と中指で持つワン！

ささくれを人差し指と中指で挟んで持つ

1章　大笑い！ なんちゃってマジック

❷「さあ、これでバランスをとってみましょう」
割り箸から親指を離す。

「ほら！　どうですか？」

観客が疲れない程度のところでタネあかし。

POINT

・無駄な努力をしてもらった観客のみなさんに、最後に「ごめんなさい」とあやまりましょう。

16 ハンドパワーで割り箸が動く

こっそり息を吹きかけて割り箸を動かすだけですが、15「バランスがとれる割り箸」(p.34-35) に続けてやると、盛り上がります。

準備する物 割り箸

準備 なし

手順 ❶「(今度こそ！※) タネもしかけもない割り箸です」
と言って、観客の一人に確認してもらう。

(吹き出し)
- 今度はしかけはありません
- 普通の割り箸だ
- ちゃんと確認してね

※ 15「バランスがとれる割り箸」(p.34-35) に続いて行うときは、「今度こそタネはない！」ことを強調しましょう。

1章　大笑い！ なんちゃってマジック

❷ 割り箸を割り、絵のように置く。
「今からハンドパワーで
この割り箸を動かします！」

❸ ハンドパワーを送りこんでいる
かのように手を動かしながら、
ばれないように息を吹きかけ、
割り箸を動かす。

一緒につばを飛ばさないように注意だワン！

ん？ おでこに冷たいものが…

息だったのね

最後は一気に息を吹いてタネあかしを。

POINT
・息を吹きかける方向に手を動かすと、本当にハンドパワーを送りこんでいるように見えます。
・つまようじ2本を使っても同様にできます。

37

17 上がってくるトランプ

黒のキングとクイーンのカードで目くらまし。数回やればタネがわかる単純なマジックです。

準備する物 トランプワンセット

準備 クローバーのK、スペードのQをトランプの束の一番上に乗せておく。スペードのK、クローバーのQは別に分けておく。

手順 ❶ トランプの束をテーブルに置き、別にしておいたスペードのKとクローバーのQを手に持って示しながら

「ここに黒のキングとクイーンのカードがあります。これを好きなところに入れてもらいます」

一番上にを乗せる

を渡す

渡した2枚のカードを好きな場所に入れてもらう

❷ 観客の一人に出てきてもらい、2枚をまとめてトランプの束の適当なところに差し込んでもらう。

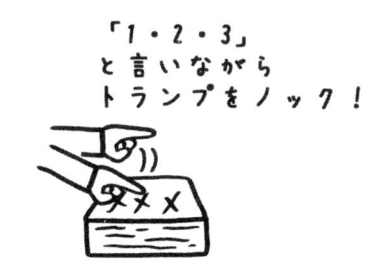

1章　大笑い！ なんちゃってマジック

❸「今、入れてもらった2枚のトランプを、一瞬で一番上に移動させてみせますね」
「3、2、1！」
で指をパチンと鳴らす。

「1・2・3」と言いながらトランプをノック！

一番上をめくると…
Q♠ K♣
が出てくる

❹トランプの束の一番上から2枚のカードをとって
「はい！　黒のキングとクイーンのカードです！」
「では、またもとの場所に戻します」
と言って、2枚のカードをもう一度、トランプの束の上にのせる。

❺「3、2、1！」
でトランプを扇状に広げ（上の2枚が見えないように）
「ほら、黒のキングとクイーンのカードが、もとの場所に戻りました」

最初にカードを入れてもらった場所に
Q♣ K♠
→
また元の場所に！

驚きすぎですよ

POINT
・2枚のカードをじっくり見せながら、もう一度繰り返してタネあかしをすると盛り上がります。

18 カードを予言

カードを4種類準備しておき、観客が選んだカードに合わせて取り出すことで「予言」と見せかけるマジックです。

準備する物
トランプ4枚（ハート、クローバー、ダイヤ、スペード）
封筒4枚　手描きカード4枚（下段の「準備」を参照）

準備
巻末の型紙を拡大コピーするなどして、ハート、クローバー、ダイヤ、スペードの模様の用紙を用意し、1枚ずつ封筒に入れる。
封筒を自分の着ている服4か所に分けて忍ばせておく。
（どこに、どのマークの封筒を入れたか覚えておく）

手順

❶ 観客に4枚のトランプを見せ
「どなたか、この中から1枚だけトランプを選んでください」

❷「実は○○さん（選ばれた観客）がどのカードを選ぶか、予測してあります」

1章　大笑い！なんちゃってマジック

❸ 選んだカードをみんなで確認しながら
「(例えば) スペードですね。予測どおりです！」
と言って、スペードのカードが入っている封筒を取り出して広げる。

スペードを選びましたね？

ふふふ…予想どおりですよ…

このとおりです

なんで？

❹「すごい！」などと場が湧いたら
「では、もう一度、やってみせましょう」
と言って、残りの3枚のトランプから同様に1枚を選んでもらい、同じように繰り返す。

ハートですね？

ハートはたしか、こっちのポケットに…

そういうことか！

私はハート！

別のところから封筒が出てきたところで観客が気づけば終わり。気づかれなければ残り1枚まで続ける。（ここまでくるとさすがにわかるはず……）

POINT

・1つをくつやくつ下に忍ばせておいても楽しいです。

19 お札の上にコイン

あらかじめお札に折り癖をつけておくことで、お札の上にのせたコインを落とさず持ち上げるマジックです。

準備する物 1000円札　10円玉

準備 1000円札を半分に折って、折り癖をつけておく。

手順 ❶ 折り癖をつけた1000円札を、ピンと張った状態で観客に示し
「今から、この1000円札に、10円玉をのせてみせます」

1章　大笑い！　なんちゃってマジック

❷ つい立ての陰などで、絵のようにして10円玉をのせ、少しずつ1000円札を広げて、張った状態にまでもっていく。

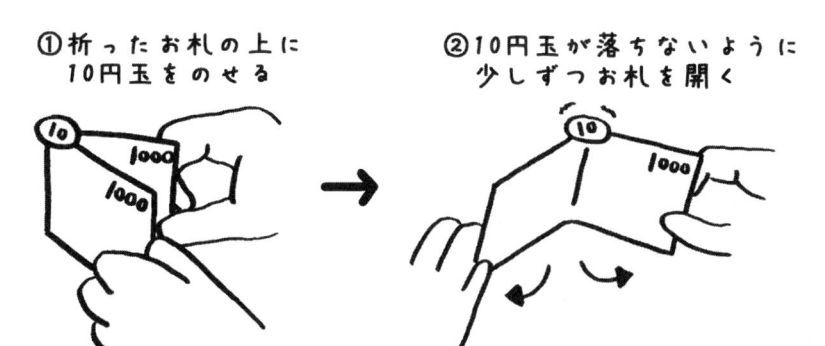

①折ったお札の上に10円玉をのせる

②10円玉が落ちないように少しずつお札を開く

❸ お札を持ち上げていき、観客に見せながら
「ごらんください！　10円玉がのりました！」

大成功！

ワシの10円玉返して〜

パチパチ

拍手〜

ササッ

笑いをとった後は10円玉をちゃんと返そうワン！

POINT

・きちんと折り癖をつければ、誰でも10円玉をのせることができますが、何度か練習してコツをつかんでから発表しましょう。

20 牛乳がジュースに!?

「1. ウーロン茶が麦茶に!?」(p.6-7) より、少し手の込んだマジック。牛乳がオレンジジュースに、最後は水に変わります！

準備する物　牛乳の紙パック　オレンジジュースの紙パック　水のペットボトル（500ml）　布　はさみ

準備

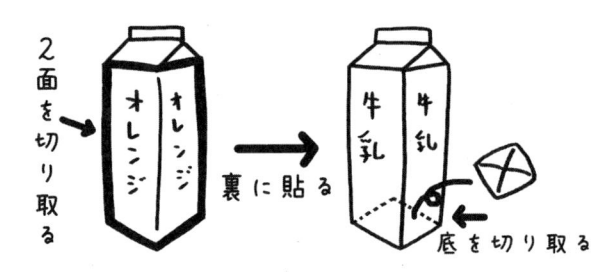

①オレンジジュースの紙パックの2面分を切り取る。

②牛乳パックの底を切り取り、①を上から貼る。

手順

❶ 手のひらの上に水のペットボトルを置き、牛乳パックをかぶせる。観客に牛乳の2面が見える角度にして持つ。

「今からこの牛乳を、ご要望の飲み物に変えてみせます」
と言って布を掛ける。

コーヒー

何が飲みたいですか？……それはちょっと…

1章　大笑い！なんちゃってマジック

❷「何が飲みたいですか？」
と観客の要望を聞く。オレンジジュース以外の反応が返ってきたときは
「あー、残念、それは売り切れです」
などと返して、強引にオレンジジュースに引っ張る。
この会話の合間に、オレンジジュースの面が見えるように角度を変えて
「オレンジジュースですね。ハイ、ご用意しました」
と言って布をとる。

❸ 歓声を受けた⁉　あと
「他に、何か飲みたいものはありますか？」
と言いながら、もう一度布をかぶせる。

❹ 今度は水に誘導し
「水ですね。
わかりました！」
で、布と一緒に
紙パックも持ち
上げる。

※布と一緒に紙パックもつかんで取る

POINT
・「オレンジジュース」「水」がなかなか出てこないときは、同僚に「あー、オレ…がつくジュースが飲みたいよね」などと誘導してもらいましょう。

ひと休み その①

介護職適正チャート

あなたはどんな「介護職」に向いている?
タイプ別適正職を診断します。

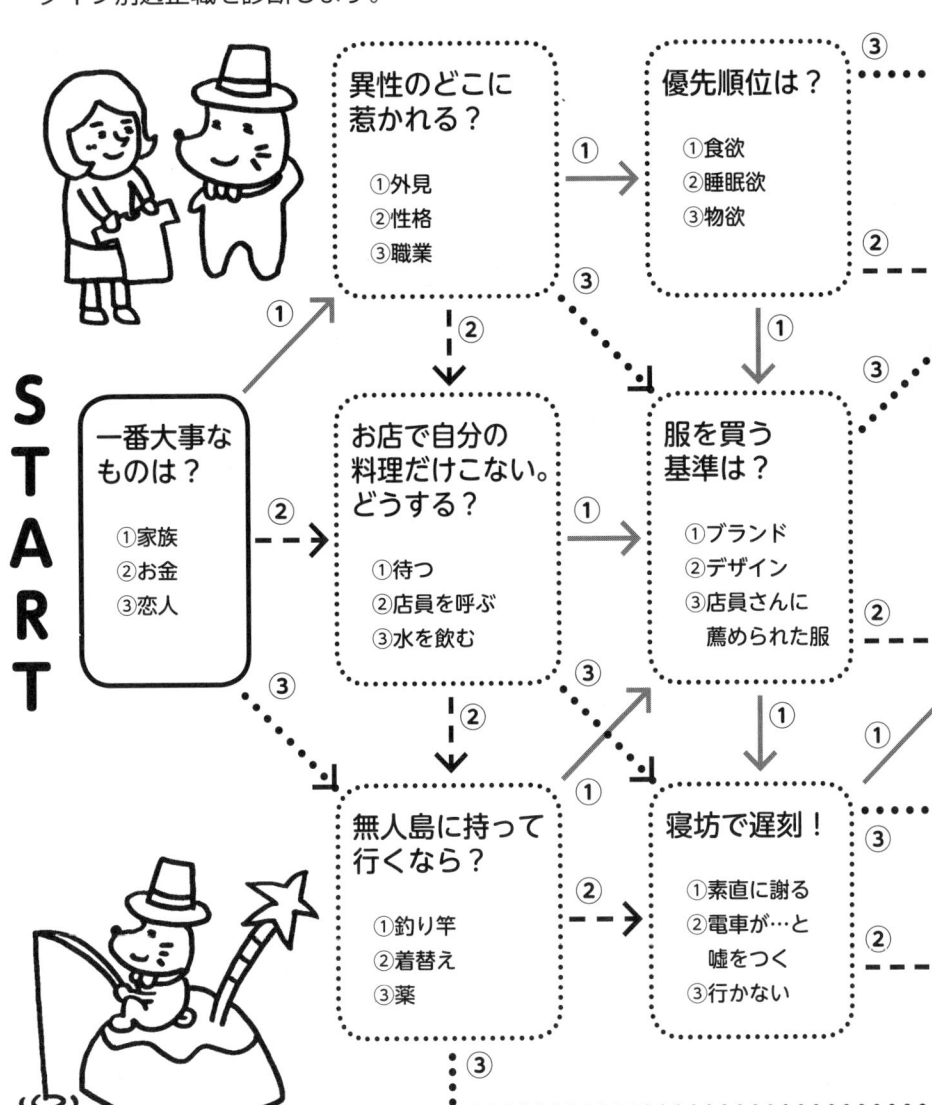

START

一番大事なものは?
①家族
②お金
③恋人

異性のどこに惹かれる?
①外見
②性格
③職業

優先順位は?
①食欲
②睡眠欲
③物欲

お店で自分の料理だけこない。どうする?
①待つ
②店員を呼ぶ
③水を飲む

服を買う基準は?
①ブランド
②デザイン
③店員さんに薦められた服

無人島に持って行くなら?
①釣り竿
②着替え
③薬

寝坊で遅刻!
①素直に謝る
②電車が…と嘘をつく
③行かない

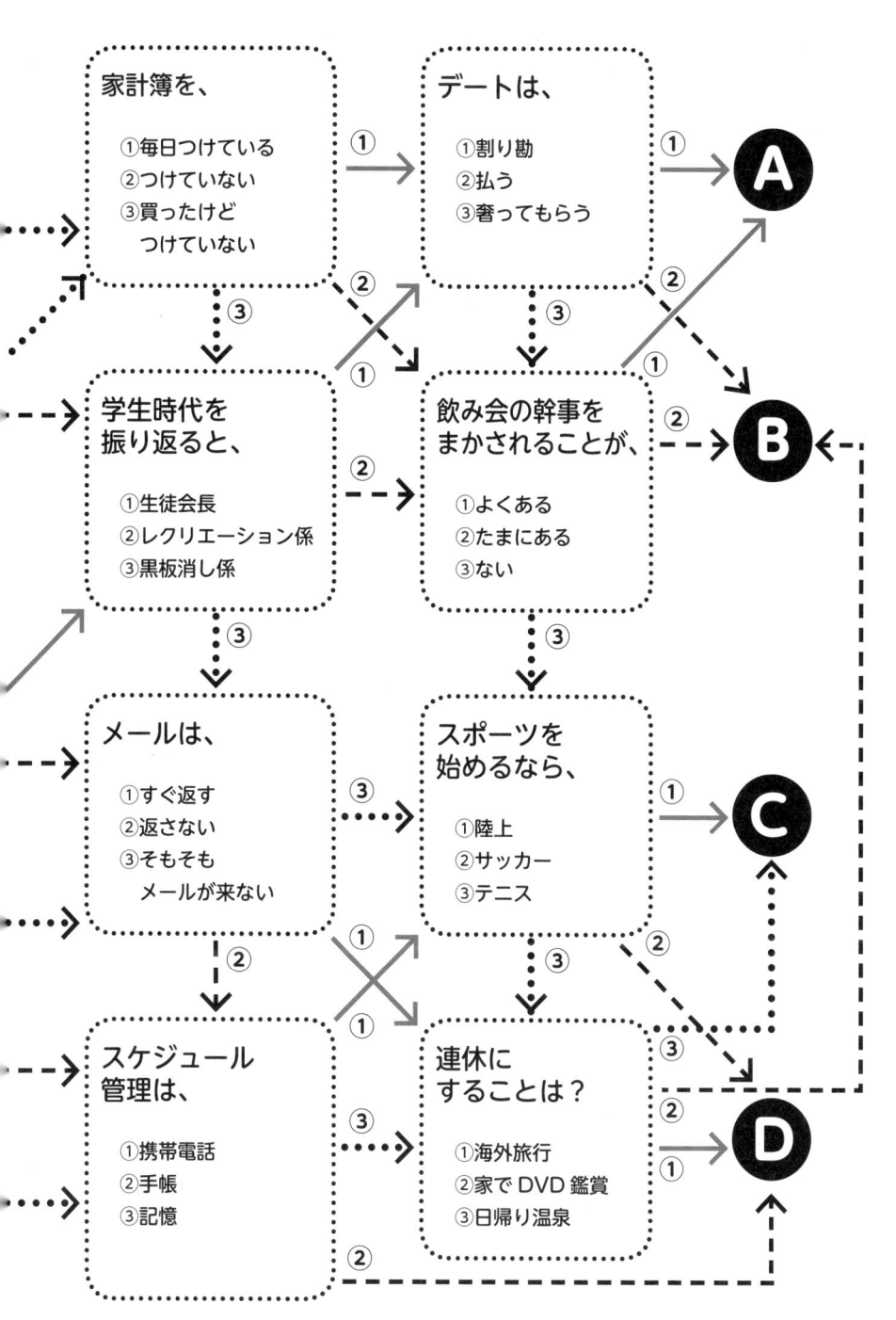

家計簿を、
① 毎日つけている
② つけていない
③ 買ったけどつけていない

デートは、
① 割り勘
② 払う
③ 奢ってもらう

学生時代を振り返ると、
① 生徒会長
② レクリエーション係
③ 黒板消し係

飲み会の幹事をまかされることが、
① よくある
② たまにある
③ ない

メールは、
① すぐ返す
② 返さない
③ そもそもメールが来ない

スポーツを始めるなら、
① 陸上
② サッカー
③ テニス

スケジュール管理は、
① 携帯電話
② 手帳
③ 記憶

連休にすることは？
① 海外旅行
② 家で DVD 鑑賞
③ 日帰り温泉

A　B　C　D

介護職適正結果

A 施設長タイプ

よくも悪くもお金に厳しいあなたは施設長タイプ。
クーラーのつけっ放しにも注意ができるでしょう！

B 現場主任タイプ

常に場の空気を読んで動ける、みんなに頼られるあなたは現場主任タイプ。
シフトで自分の休みたい日に休めるでしょう！

C 介護士タイプ

人と接するのが好きなあなたは介護士タイプ。民謡・軍歌に詳しくなりすぎて、今どきの曲についていけなくならないように注意しましょう！

D ケアマネージャータイプ

現場の意見を組んでプランニングし、親族とのやりとりもできるあなたはケアマネタイプ。いつでもエアコンの効いた部屋にいられるでしょう！
但し、残業のし過ぎには要注意！！

ひと休み その②

介護あるある

介護施設での「あるある！」大特集です！
共感！ できますか？

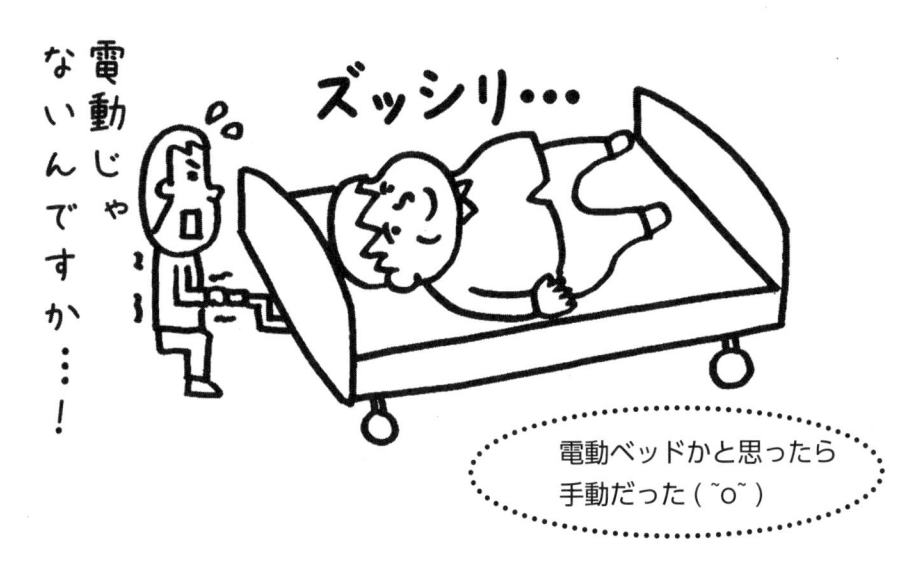

ズッシリ…

電動じゃないんですか…！

電動ベッドかと思ったら手動だった (~o~)

あ！

あれは塗らなくても大丈夫なの？

服を着せる前に薬を塗るのを忘れて、結局2度手間……(‥)ゞ

全然食べてないからお腹すいた～

まったく！

食事制限があるのに、家族が差し入れ (+_+)

な、なぜ？

そっちの人がいい！

ん？

入浴係を断られた
(-_-メ)

まだ食事の時間まで2時間も…

でも、悪いことをしているわけでもないし…

食事時間じゃないのにスタンバイ (^_^)

ハハハ…

カップルのデートにつき添わされ…(ーー)

ほかにもまだまだ「あるある！」

★介護士をしているだけでいい人だと思われる。
★しゃべるペースがシニアに合わせて遅くなる。
★爪がどんどん短くなる。
★コルセットが離せない。

ちゃんとゴミ箱に捨ててる！さすが介護士！
それは普通でしょ…

★シニアの話が長いので、PHSを同僚に鳴らしてもらう。
★認知症の方の同じ話のリアクションを変えて、同僚も楽しませる。

もしもし、（助かったよ）

★認知症のシニアに自分の意見を言ってしまいバトルになる。
★シニアに「ありがとう！」と言われて、あめを貰う。

いつもありがとう！
あめ…裸なんですね…

ひと休み その③
失敗したときの対処法

失敗を笑いに変える対処法のご紹介です。

もう1回だけ…とお願いする

今のは忘れてください！

開き直る

だって素人ですし！

逆ギレする

じっくり見られたら誰でも失敗しますよ！

服を1枚ずつ脱いでいく

これ以上は脱ががないように頑張ります！

「好きだ！」といきなり言う

そんなことより付き合ってください！

泣き崩れる

あんなに練習したのに…

2章
大笑い！
そこそこ本格マジック

「本格マジック」とまではいかないけれど
まちがいなく「マジック」と言えるネタを集めました。
簡単ですが、マジックらしく見せるには練習も必要。
自信を持って堂々と演じれば、
大歓声間違いなし！　です。

1 コインの瞬間移動

コインが右→左、左→右と2回移動したと言い張る、強引マジックです。最後の一手がマジックらしさを演出します。

準備する物 コイン1枚

準備 なし

瞬間移動させてみせます

手順

❶ コインを右手のひらにのせて、観客に示し

「このコインを瞬間移動させてみせます」

と言って右手を握る。

左手も握って、2つの手を"パチン"と真ん中でぶつけ

「はいっ。コインが左に移動しました」

注：実際には移動していない。

左手に移動しました

❷ すかさずもう一度"パチン"と手を合わせて

「はいっ。これでまた右に戻りました」

と言って右手を開く。最後の一手がマジックらしさを演出します。

また右手に戻りました

2章 大笑い！そこそこ本格マジック

❸「え？ 何か疑ってます？ 疑ってますよね……」
などと言いながら、手元でサッとコインを左手に持ち替える。

> スキをみてコインを左手に持ちかえるのがポイントだワン！

疑ってます…？

初めから移動してないんじゃないの…

❹「じゃあ、もう一度やってみますね」
と言って、"パチン"と手を合わせてから左手を開いて見せ
「ほら、右から左に移動しました！」

左手に移動しました

本当だ！

すごい！

POINT
・手順❹のところは、観客の意識が手元に向かないよう、話術で視線を上にひきつけましょう。

2 消えるコップ

新聞紙を巻き付けたコップを手元のビニール袋にこっそり落とすことで、「コップが消えた」と錯覚させるマジックです。

準備する物 机　コップ　新聞紙　ビニール袋　テープ

準 備 観客から見えないように、机の手元側に、ビニール袋を提げておく。

手順 ❶ 机の上にコップを置き

「ここにコップがありますね。今からこのコップを消してみせます！」

と言って、コップに新聞紙を巻き付ける。

コップの上から新聞紙をしっかりと巻き付けて、②のように形を崩さないでコップだけをビニール袋の中に落とすワン！

2章　大笑い！そこそこ本格マジック

❷ コップに新聞紙を巻き付け、
「いいですか？　1、2、3！」
と言いながら、新聞紙の形は崩さないように机の上をすべらせ、手元のビニール袋にコップを落とす。

❸ 新聞紙を上からパンとつぶして
「さあ！　消えました！」

POINT

・コップを落とす瞬間をさとられないよう、呪文を唱えたり、空いているほうの手を大げさに動かしたりなど、ほかに観客の目を引き付ける工夫をしましょう。

3 5円玉の穴を貫通

とっても簡単なのに、まるで高難度の本格マジック！ 大喝采（かっさい）を浴びることまちがいなしです。

準備する物 ペットボトル　5円玉　紙の筒（ラップの芯などでもOK）
ビー玉（またはパチンコ玉）

準備 紙と輪ゴムで、直径がペットボトルの口を覆うサイズの筒を作っておく。長さは10cm程度。

手順 ❶「タネもしかけもない5円玉です」
と言って5円玉を観客に見せてから、5円玉をペットボトルの口にのせる。口をふさいでいるところを見せる。

「タネもしかけもない5円玉で」
「ペットボトルの口をふさぎました」
「五円玉がペットボトルの口にぴったりとはまるように置くワン！」

❷ ビー玉を手にとって
「さて、このビー玉を、なんと5円玉の穴に貫通させて、ペットボトルの中に落としてみせます」

2章　大笑い！ そこそこ本格マジック

❸ 上からゆっくり筒をかぶせて（5円玉をぎりぎりまで見せるように）
「いきます！」
と言って、筒の上からビー玉を落とす。
「さあ！　消えました！」

ペットボトルの口の上で5円玉がくるんと回転してビー玉を通すワン！

❹ 筒をゆっくりはずし、5円玉が置かれたままであるところを見せる。

なんで？

貫通しました

POINT

・最後に筒をしないでビー玉を落とし、タネあかしをしてもよいでしょう。

4 こぼれない水

水の表面張力と大気圧を使っただけの、実は誰にでもできるマジックです。ただし、たまに失敗もあり。

準備する物 コップ　水　ハガキ

準備 コップに水をたっぷり入れておく。

手順

❶ 水をたっぷり入れたコップにハガキを置き、手でしっかり押さえる。
コップに向かって
「ワン、ツー、スリー、はいっ」
などと、呪文を唱える。

❷「さあ、これで、コップを逆さにしても、水はこぼれません」

下で押さえている手を離してみせましょう

あぶないって！絶対こぼれるよ！

2章　大笑い！そこそこ本格マジック

❸ 手を添えたまま逆さにし、ゆっくり手を離す。

タネも仕掛けもないワン！たまに失敗するから下にバケツを用意しておくといいワン！

1・2・3
はいっ！

逃げろ！
あれ？
こぼれないの？

POINT
・たまに失敗するので、不安な人は下にバケツを用意しておきましょう。

63

5 お札を透視

あらかじめすべての封筒に1万円札を仕込んでおくだけ。透視のフリをオーバーにすれば、本格的なマジックに見えます。

準備する物 封筒3枚（中が透けないもの） 1万円札2枚

準備 2枚の封筒に1万円札を入れておく。1枚は空。

手順 ❶ 観客から1万円札を借りて

「すみません！ どなたか1万円札を貸していただけませんか」

借りた1万円札を空の封筒に入れることによって、全部の封筒に1万円札が入ることになるワン！

ありがとうございます

持っててよかった

❷ 空の封筒に、借りたお札を入れて3枚の封筒をひとまとめにし、シャッフルする。

「さあ、どの封筒に入っているのか、これでわからなくなりました」

混ぜる

2章　大笑い！そこそこ本格マジック

❸ 透視のポーズをとってから
「はいっ、これです！」
と言って適当に封筒を1枚選び、1万円札を取り出してみせる。

❹ 取りだした1万円札をもらうふりをして
「あれ？　透視できたらくれるって約束じゃありませんでしたっけ？（笑）」

POINT

・「どうしてわかったと思いますか？」などとクイズにして、タネあかしをしても楽しいです。

6 5円玉が上がる！

ピンと張った輪ゴムに5円玉を通し、片方のゴムをゆるめると5円玉が動きます。マジックに見えるかは話術次第！？

準備する物 5円玉　輪ゴム

準備 輪ゴムを1箇所切って、ひも状にしておく。

手順 ❶ 5円玉の穴に輪ゴムを通し、片方に寄せて両手で持つ。

「さあ、今から、5円玉がゴムをのぼっていきます」

5円玉を通した輪ゴムを右手のほうだけ多めに握り、両手で引っ張って伸ばし、右手を下に傾ける

少しずつ右手を緩めることによって、伸ばしていたゴムが戻ると同時に、5円玉が上がっていくように見える

2章　大笑い！そこそこ本格マジック

❷ 輪ゴムをピンと張り、輪ゴムの短い方を若干上にして、長いほうの手をゆるめる。

「はい！　5円玉のゴムのぼりです〜」

みなさんの念力を送ってください！

ハァ〜！

見たか！ワシの超能力！

やれやれ

観客も手品に参加させると場が盛り上がるワン！

POINT

・5円玉がのぼることが「すごい」と思えるよう、少しオーバーに話しましょう。

7 色が消える

身近にある薬品(ヨウ素入りのうがい薬)とビタミンCの化学反応を利用して、水の色を消します。

準備する物 コップ2個　イソジン(ヨウ素入りのうがい薬)小さじ1杯　ビタミンCのサプリメント　お湯50ml　水100ml

準備 1つのコップにお湯50mlを入れ、ビタミンCのサプリメント1粒を溶かしておく。

手順 ❶ コップに水100mlを入れ、イソジン小さじ1杯を入れながら「水にイソジンを溶かします。赤くなりましたね」

「イソジンを入れると赤くなります」

「そりゃそうだよ～赤くなるし、元に戻ることもないよ～」

❷「ここにもう1つ、水の入ったコップがあります。この水におまじないをかけてます」

「こちらの水におまじないを…1・2・3!」

2章 大笑い！そこそこ本格マジック

❸ おまじないをかけた（ビタミンCを溶かした）コップの水を入れると、一瞬で透明に！

おまじないをかけた水を赤くした水に入れると…

赤かった水が透明になるワン！

どうですか？透明に戻りましたよ

てへ戻っちゃった！

あなたが赤くなってるわよ

POINT

・イソジンがないときは、ヨウ素の入った傷薬でも同じ効果があります。ビタミンCのサプリメントは溶かすと薄黄色になるので、できるだけ薄めましょう。

8 吸い付く割り箸

あらかじめ手首に仕込んだしかけで、割り箸が手のひらに吸い付いているように見せます。

準備する物 割り箸2組　輪ゴム数本

準備 絵のように、割り箸を固定しておく（観客にばれないように）。

ゴムが見えないように、袖を伸ばして固定しておくワン！

手順 ❶ 事前に割り箸を固定している手とは反対の手でもう1組の割り箸を持ち
「ここに、何の変哲もない割り箸があります」

2章　大笑い！そこそこ本格マジック

❷ 割り箸をしかけのあるほうの手に持ち替え

「この割り箸を、手のひらに吸い付けてみせますね」

❸ 絵のように割り箸をはさみ、ゆっくりと手を広げていき

「はいっ、割り箸が落ちません！」

POINT
・固定した割り箸が隠れるよう、長袖を着ておこないましょう。

9 コインを透視

紙コップのつなぎ目が移動したかどうかで「透視」する、若干神頼みの要素が強い (^_^;) マジックです。

準備する物 コイン1枚　紙コップ3つ

準備 つなぎ目を手前に揃え、紙コップを伏せて並べておく。

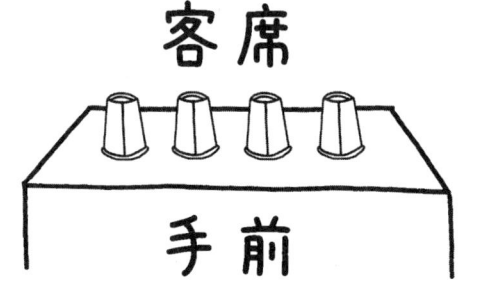

手順 ❶ 観客に手伝いを頼み

「このコインを、好きなコップの中に入れて隠してください」

「僕は後ろを向いていますね」

コインを入れるために紙コップを手に取るときにつなぎ目がずれるワン！

2章 大笑い！そこそこ本格マジック

❷「いいですか」
と確認をしてから前を向き紙コップに手をかざして、透視をするそぶりを見せながら、つなぎ目の位置がずれているコップを探す。
「わかりました！こちらですね」

あなたから見て左から2番目のコップの中にコインが見えますよ

何でわかるの？

❸ 2つ以上のつなぎ目がずれていたら勘でコップを選び、間違っていたら
「あれ？ おかしい！ すみません。もう一度チャレンジさせてください」
と言って再チャレンジ。それでもだめだったら
「何度もコップを触っていたことだけは透視できたんですけど……」

あ、あれ？
えっと…
ズバリ！
2個の紙コップに触ったでしょう！

そういう手品だったっけ？

失敗したらうまくごまかそうワン！

POINT
・失敗する可能性も高いので、ほかの（必ず成功する）マジックを用意しておき、リベンジをしましょう。

10 選んだエースを当てる

マークの天地を利用したトランプマジック。選んだカードが逆さに差し込まれることで、どれかを当てることができます。

準備する物　トランプ（エースのカードのみ）4枚

準備　ハート、スペード、クローバーの絵柄の天地を同じにしておく（ダイヤは天地がないので気にしなくてOK）。

マークの上下を合わせたカードをシャッフルし、1枚を観客に引いてもらうワン！

手順

❶ 観客にエースのカード4枚を見せ
「どなたかに、ここから1枚のカードを選んでもらい、それがどのカードかを当ててみせます！」

❷ カード4枚をシャッフルし、観客に1枚を選んでもらう。
それを、絵柄を観客に向けて引き出し
「声に出さないように覚えてください」

そのカードがいいわ！

これですね？僕は見ないので、覚えておいてくださいね

カードを手元の束に戻す前に、上下を逆にするワン！

2章　大笑い！ そこそこ本格マジック

❸ カードを上下逆になるように戻し
「よーく切ります」
と言って何度か切る。観客に切ってもらってもよい。

❹ カードを1枚ずつ開いて並べ、手をかざすなど手品っぽく見せてから、天地が逆になっているカードを選んで（逆になっているのがなければダイヤのカード）
「はい！　これですね」

カードを返してもらい、よく切ってから開いたカードがこのような状態ならこたえはクローバーだワン！

このように、マークの上下に変化がない場合はダイヤだワン！
（ダイヤだけ上下対称）

オーラを感じます

これですね！

POINT

・天地がバラバラになってしまったときは、「エネルギーが薄れてしまったのでもう一度はじめから…」などと取りつくろって、もう一度はじめからおこないましょう。

11 コインがグラスを貫通

あらかじめグラスの中にコインを仕込んでおき、グラスを貫通したと見せかけます。

準備する物 グラス　水差し　水　100円玉2枚

準備 グラスの中に、絵のように100円玉を仕込んでおく。
長袖の衣服を着る。

この位置に100円玉を仕込む。
※不思議と正面からは見えない

水を注いで穴があいていないことを強調する

手順 ❶ グラスの中の100円玉が観客に見えない絵のようにグラスを持ち上げ
「ここにグラスがあります」

❷ グラスの中に水を入れ
「当然ですが、水はこぼれません。穴はあいてないってことですね」

この100円玉をグラスの底からグラスの中に貫通させて入れてみせましょう

またまた〜。

❸ 100円玉を示し
「ところがこのグラス、100円玉を貫通させることができるんです」

100円玉を隠すように、グラスを持ち上げる

2章 大笑い！そこそこ本格マジック

❹ 手のひらに100円玉をのせ、グラスの底に当てて、擦りつけるようにする。
その間に、手のひらの100円玉を袖の中に落とす。
「えいっ。入りました！」
と言ってからグラスを回し、100円玉が観客から見えるようにする。

100円玉を
取り出して

グラスの下に
こすりつけながら
袖の中に隠す

グラスを少しずつ
まわして、
中の100円玉を
正面まで持ってくる。

無理矢理はダメですよ！

よし！ワシも！
カンカン

ハハハ…

POINT
・グラスの中に仕込む100円玉が観客から見えないかどうか、観客の場所に立ってよく確認しておきましょう。

12 空き箱からハンカチ

細工を施した空き箱からハンカチが次々と！　マジックらしいマジックです。

準備する物　段ボールなどの空き箱　ゴム　ハンカチ５枚以上　ガムテープ

準備　絵のような、空き箱を用意する。
ゴムに、ハンカチをセットしておく。

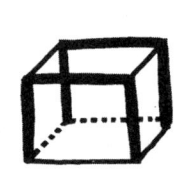

箱を用意して
太線の部分を切り…

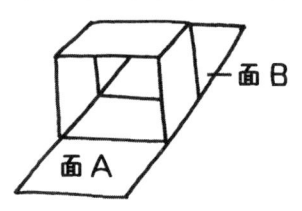

箱の両側面が
開くようにする

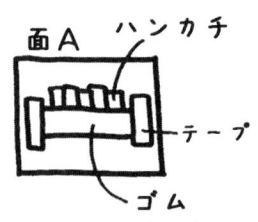

面Aにハンカチを
仕込んでおく

手順

❶ 空き箱を示しながら
「こちらは、何の変哲もない空き箱です」

❷ 絵のように箱を置き、先に手前の扉、次に観客側の扉の順番で開けて
「はい、中には何にも入っていません」

客席側に、面Bが
くるように、
台に箱を置く

面Aを手前側に
倒しきる

面Bを客席側に
倒して、中に
何もないように見せる

2章　大笑い！そこそこ本格マジック

❸ 反対側から扉を閉め、手前も扉を閉めて、手前の扉が底になるように置く。

「1、2、3、エイッ」
などと箱に呪文をかける。

先に面Bを閉じ、
後から面Aをこっそりと閉じる

面Aが底になるように
置きなおす

❹ 上の扉を開いて、中から次々とハンカチを取り出す。

中からハンカチが〜！

すごすぎて涙が…

丁度ハンカチ飛んできたよ

POINT

・カラフルなハンカチをたくさん仕込んでおくと、本格的で、楽しめます。

13 選んだカードが飛び出す

1枚カードを覚えておくだけで、観客が選んだカードを当てる定番トランプマジックです。

準備する物 トランプ

準備 なし

手順

❶ トランプをシャッフル、観客にカードを1枚選んでもらう。
「カードを1枚、引いてください」

❷ 「カードを私に見えないように、みなさんに見せてください」
と言って、観客にカードを確認してもらう。
観客の意識がトランプに向いている間に、手元のトランプの一番下のカードを覚えておく。

例

7♣ 引かれたカード

3♥ 一番下のカード

チラ

カードを整えるフリをしてさりげなく一番下のカードを見て覚えておくワン！

2章　大笑い！ そこそこ本格マジック

❸ 観客からカードを返してもらい、それをトランプの一番下に戻す。
そのあと、軽くトランプをシャッフルしてみせる。

「はい、これでどこに入っているかわからなくなりました」

広げたときに、覚えておいたカードの1枚上にあるのが相手が引いたカード！

❹ 端からカードを広げていき、自分の覚えていたカードの隣のカードを指でさりげなく上に持ち上げ

「あっ！　カードが飛び出しました！」
「さっき選んでいただいたのは、このカードですね？」

カードが飛び出してきました

※親指で押し上げる

これですね！

POINT

・シャッフルしすぎると、カードの位置がずれてしまうので注意！
　さりげなく上に持ち上げる技を練習しておきましょう。

14 水が出る割り箸(ばし)

水を含んだティッシュペーパーを使って、割り箸から水が流れ出たように見せます。

準備する物 ティッシュペーパー　割り箸1セット

準備 ティッシュペーパーに水を含ませ、耳に仕込んでおく。

手順
❶ 割り箸を示し、観客に渡してよく見てもらう。
「タネもしかけもない割り箸です。この割り箸から水を絞り出してみせます」

❷ 観客1人に声をかけ
「○○さん、申し訳ないですが、私の肘(ひじ)を握(にぎ)ってもらえますか」

2章　大笑い！ そこそこ本格マジック

❸ さりげなくティッシュを耳から取り出して手に隠し持ち、同じ手で割り箸の先を持つ。

「お水出ろ、お水出ろ、と念力を送ってください」

頭をかくようにして、左手で耳に仕込んだティッシュを持つ

割り箸をティッシュごと左手で持ち、左の肘を握ってもらう

❹ 適当なタイミングで手を握り、ティッシュから水を絞り出す。

「ほら！　割り箸から水が出ました」

POINT

・耳に仕込んだティッシュを手の中に隠し持つところで観客に気づかれたら台無しです。事前に練習をしておきましょう。

15 不思議なトランプ

一番上にのせたカードが常に上にくるようにシャッフル。少し練習が必要ですが、器用な人におすすめです。

準備する物 トランプ1セット

準 備 エース4枚を上にしておく。

手順 ❶ トランプを示しながら
「これはちょっと不思議なトランプなんです」

❷ トランプを半分にカットして絵のようにシャッフルする。このとき、常にエース4枚が上になるように注意しながら数度繰り返す。

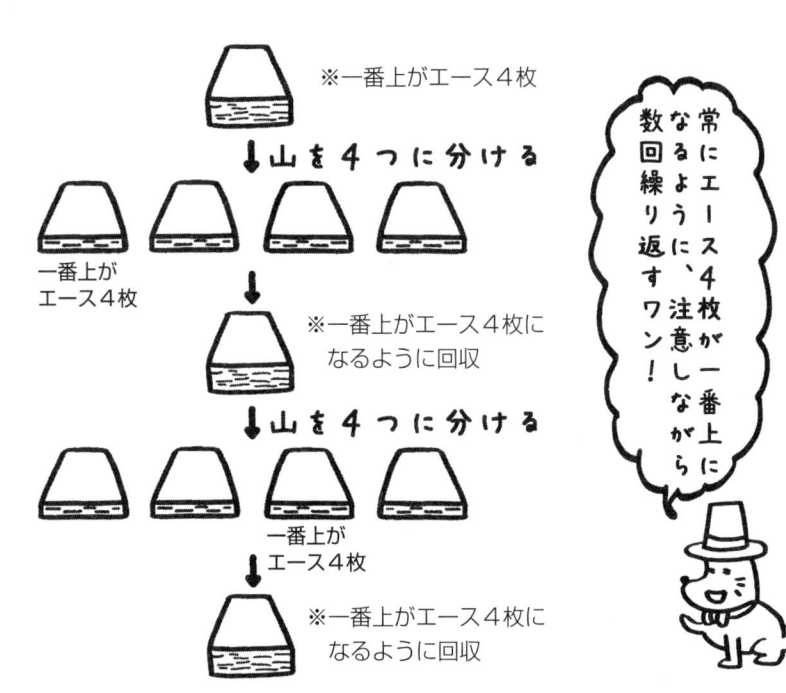

※一番上がエース4枚

↓ 山を4つに分ける

一番上が
エース4枚

↓

※一番上がエース4枚になるように回収

↓ 山を4つに分ける

一番上が
エース4枚

↓

※一番上がエース4枚になるように回収

常にエース4枚が一番上になるように、注意しながら数回繰り返すワン！

2章　大笑い！ そこそこ本格マジック

❸ 上から1枚ずつ4枚のカードを表にして並べて見せ
「見てください！　エース4枚が並んでいます…」

❹「エースだけのトランプだと思ってませんか？」
と言ってから、残りのトランプを扇型に開いて見せる。

一番上以外も全部がエースというわけではありませんよ

ほら！残りのカードはこのとおり！

奇跡よ！

あんなにシャッフルしたのに！

POINT

・4枚が常に上になるようにシャッフルできるよう、練習しましょう。最初は少し難しいのですが、覚えてしまえば簡単なマジックです。

85

16 コインが消える！？

ハンカチと100円玉を上に投げたと見せかけて、こっそり指の輪ゴムにはさみます。少し練習が必要な本格マジックです。

準備する物 輪ゴム　100円玉　ハンカチ

準備 絵のように、指に輪ゴムをかけておく。

手順 ❶ 手のひらにハンカチをのせ（輪ゴムが見えないように）、観客に100円玉を示し
「ここに100円玉があります」
と言って、ハンカチの上に100円玉を置く。

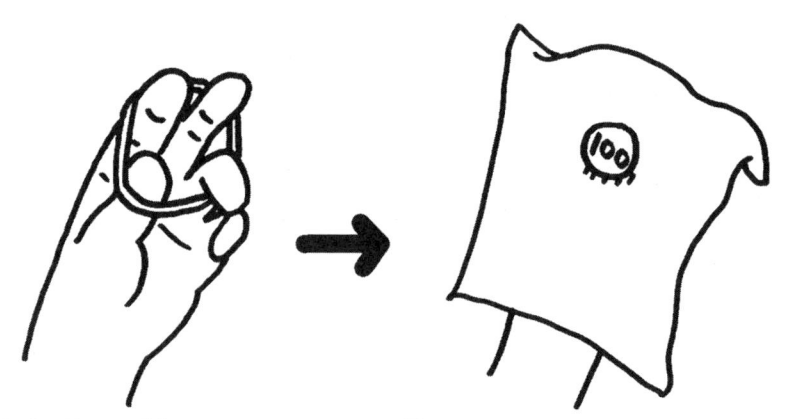

①小指を除いた4本の指に輪ゴムをかける。

②ハンカチをかぶせ、輪ゴムの上にくるように100円玉を置く。

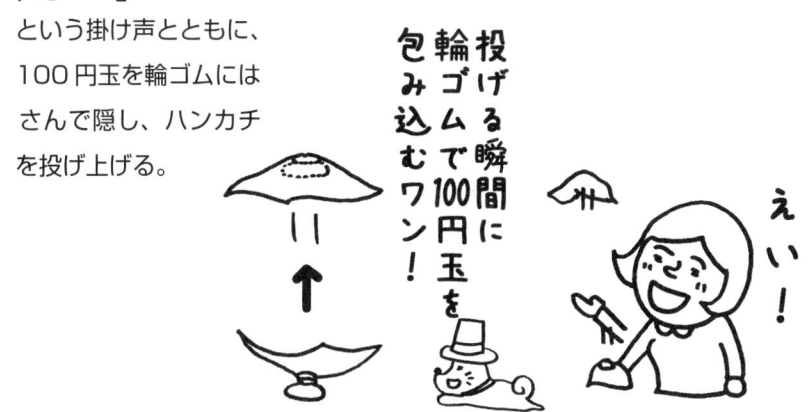

2章　大笑い！そこそこ本格マジック

❷「えいっ」
　という掛け声とともに、100円玉を輪ゴムにはさんで隠し、ハンカチを投げ上げる。

投げる瞬間に輪ゴムで100円玉を包み込むワン！

❸ 落ちてきたハンカチをキャッチして、ハンカチを振り
「100円玉が消えました！」

❹「どこにも落ちてませんね」
　と床に意識を向けている間に、輪ゴムと100円玉をはずしてポケットなどに隠す。改めてハンカチを広げてみせ、ないことを示す。

このとおり100円玉が消えました！

すごい！たまっこんでる不燃ゴミも消してもらおう！

それはきっと無理よ！

POINT

・ハンカチを投げ上げながら100円玉を輪ゴムにはさむのは少し技術がいります。何度か練習して身につけましょう。

だまし絵 (22-23ページ) 型紙

<ビールがおじいさんに！>

付　録

＜牛が鳥に！＞

だまし絵（22-23ページ）　型紙
<かっぱがおじさんに！>

各ページをB4サイズ（約180％）程度に拡大コピーしお使いください。　　付　録

＜子どもがふぐに！＞

カードを予言（40-41ページ）　**型紙**

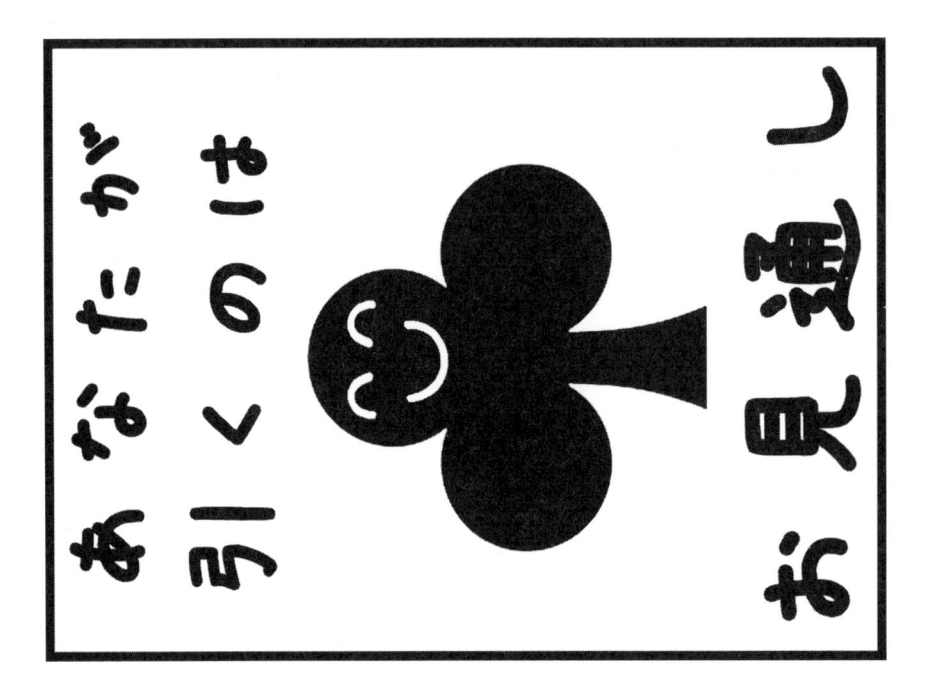

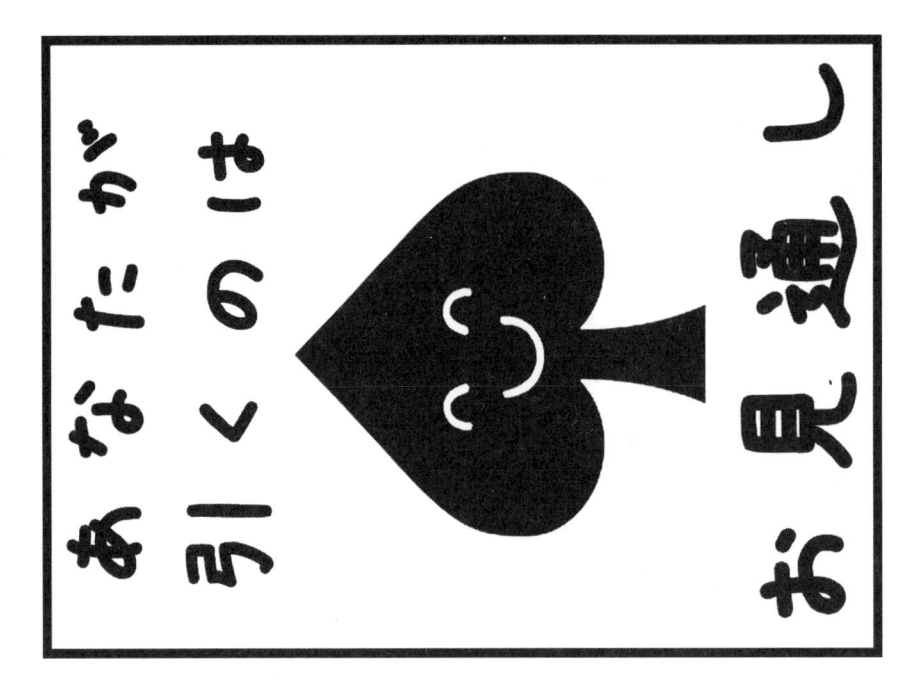

あなたの引くのは　お見通し

あなたの引くのは　お見通し

付　録

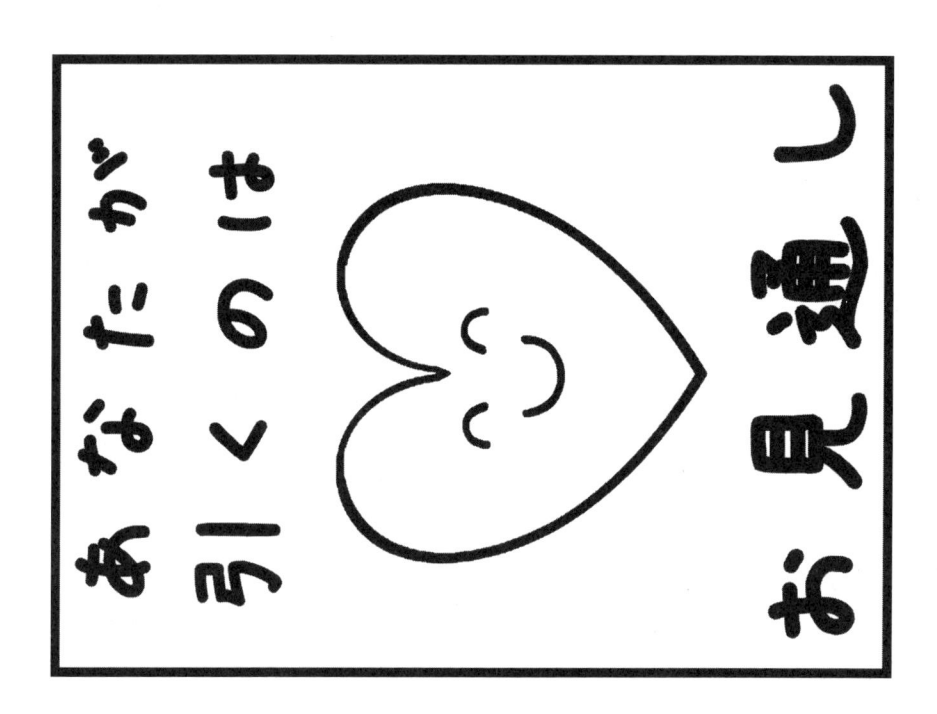

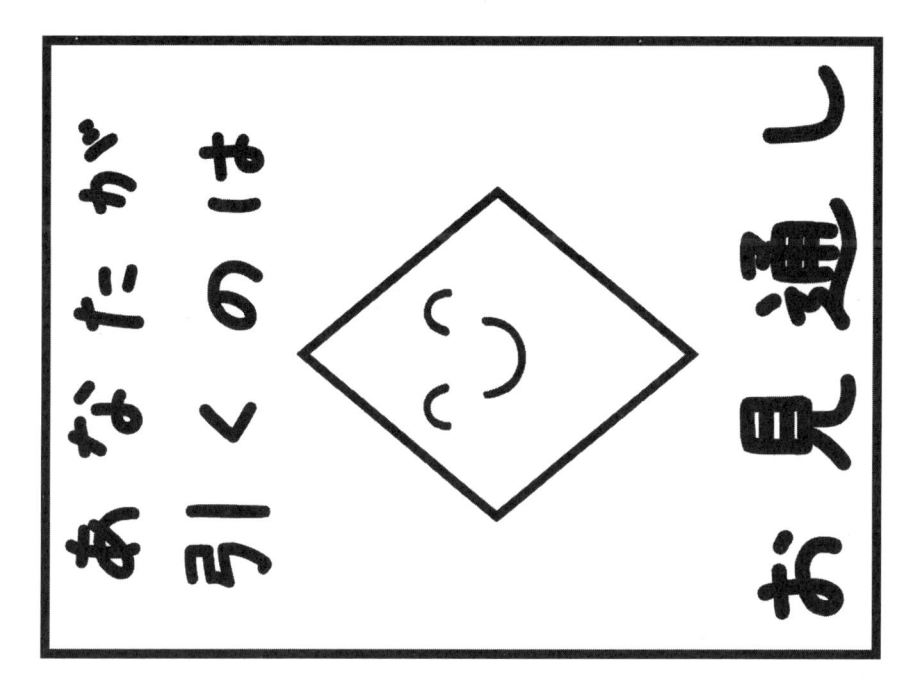

各ページをＡ４サイズ（約150％）程度に拡大コピーし、カードに切って（各Ａ５サイズの大きさになる）お使いください。ダイヤとハートは、枠内を赤色に塗るとよいでしょう。

編著者紹介
●グループこんぺいと
保育現場をもちながら企画・編集するプロダクション。
幼児の発達にかかわるノウハウが，シニアの老化防止に活用できることに着目。
楽しく動いて老化を防止するアイデアを提案。介護やアンチエイジングにかかわる
著書も多数ある。
【ホームページ】http://www.compeito.jp

原案
●大山　敏
構成作家（フリー）。吉本興業のルミネ the よしもとなどのお笑いや行政のイベント，記者会見などを手掛ける。木村祐一監督「オムライス」脚本補。戦場カメラマン渡部陽一氏の講演会，オリンピック選手や日本代表のアスリートとの仕事にも携わる。
【ブログ】http://ameblo.jp/netadashi/

イラスト
●はいじまともたけ
ピン芸人。自分で描いたイラストや自ら編集をした映像を使ったネタで，都内で行われるライブを中心に活動中。挿絵やイラストの仕事も数多く手掛け，芸人からの発注も多い。自ら制作したアニメを集めたＤＶＤやオリジナルグッズも好評。
【ブログ】http://haijima.laff.jp/

★大山敏とはいじまともたけはＮＳＣの同期で 15 年来の仲間。
　実演やネタ指導，承ります！

デザイン・村上ゆみ子（株式会社エルジェ）

シニアのための大笑い！　マジック 36
2013 年 6 月 10 日　初版発行

編著者　　グループこんぺいと
発行者　　武馬久仁裕
印　刷　　株式会社　太洋社
製　本　　株式会社　太洋社

発行所　　株式会社　黎明書房
〒460-0002　名古屋市中区丸の内3-6-27　EBSビル
☎052-962-3045　FAX052-951-9065　振替・00880-1-59001
〒101-0047　東京連絡所・千代田区内神田1-4-9
松苗ビル4F　☎03-3268-3470

落丁本・乱丁本はお取替します。　ISBN978-4-654-05883-9
© Group Compeito 2013, Printed in Japan